PUBLICATIONS DE LA SOCIÉTÉ DES ÉTUDES LOCALES   N° 6.
Section de la Haute-Loire

E. LOCUSSOL

PROFESSEUR AGRÉGÉ D'HISTOIRE ET DE GÉOGRAPHIE AU LYCÉE DU PUY
SECRÉTAIRE DE LA SOCIÉTÉ DES ÉTUDES LOCALES

LES RÉGIONS NATURELLES

DU

VELAY

Illustrations et cartes

LE PUY-EN-VELAY

IMPRIMERIE " LA HAUTE-LOIRE "

23, BOULEVARD CARNOT, 23

1926

Extrait des *Annales de Géographie*, n° du 15 mars 1908.
Librairie Armand Colin, 103, boulevard Saint-Michel, Paris :

M. Emmanuel DE MARTONNE, professeur à la Sorbonne, Directeur des *Annales de Géographie*, a bien voulu autoriser la Société des Études locales à donner cette nouvelle édition d'une étude faite sous sa haute direction. Il est prié de trouver ici l'hommage de notre reconnaissance.

LES RÉGIONS NATURELLES DU VELAY

L'idée généralement évoquée par le Velay est celle des environs du Puy, région volcanique, pittoresque, et nous verrons bien, en effet, que le bassin du Puy est le cœur du Velay ; mais ce n'est qu'un des aspects très variés de ce pays. Pour le géologue, le Velay est avant tout la région volcanique de la Haute-Loire. Mais le Velay historique est bien différent et beaucoup plus étendu. Il apparaît dans l'histoire dès le Ier siècle et dut exister bien avant ; il ne disparaît comme unité politique qu'en 1790, avec la création des départements français. César nous dit que les Vellaves, clients des Arvernes, luttèrent pour l'indépendance gauloise. Nous savons par Strabon que dans la suite ils devinrent libres. Plus tard, on les trouve constitués, d'abord en « civitas », puis, à l'époque carolingienne, en « comitatus » ou « pagus » : ils sont tour à tour tributaires de grandes provinces et indépendants. La période féodale est marquée par la querelle retentissante des vicomtes de Polignac et des évêques du Puy : le roi mit fin à la lutte en faisant l'évêque comte du Velay. Incorporé enfin au domaine royal, le Velay sut garder dans la France unifiée le maximum d'autonomie. Subdivision du Languedoc, non seulement il était représenté aux États de cette province, qui s'administrait elle-même, mais, pour les affaires qui l'intéressaient seul, il était régi par une assemblée annuelle, les États particuliers du Velay. Le petit peuple du Velay a donc gardé, avec son nom, son autonomie historique. « En lui s'exprime une des plus vivaces individualités de la France » (1).

(1) P. VIDAL DE LA BLACHE, *Tableau de la Géographie de la France*, 1re éd., p. 291.

Mais à cette unité historique ne correspond pas une unité naturelle. Au milieu des régions plus monotones qui l'entourent, Forez, Gévaudan, Vivarais, le Velay se distingue par sa diversité. Parcourons, en effet, ce plus grand Velay, ce Velay historique, sans idée préconçue et sans trop nous arrêter aux limites politiques précises, qui ont plus ou moins varié au cours de l'histoire ; nous y noterons une très grande variété d'aspects, des compartiments très différents au point de vue du relief, de la nature du sol, des cultures et de la répartition des habitations (1).

Et d'abord constatons que, avant la Révolution, on distinguait dans le Velay deux parties : le « Velay en deçà les Bois » et le « Velay de delà les Bois », que séparait la chaîne boisée du Mégal (2). Cette chaîne ayant perdu dans la suite une grande partie de ses forêts, cette division ancienne ne fut plus employée ; mais elle correspond à une division physique très nette, qui s'impose : d'une part, le Velay volcanique ; de l'autre, le Velay granitique. Le premier est le seul qui ait été étudié géologiquement en détail. Nous avons un guide précieux dans l'ouvrage que lui a consacré M. Boule, dans le *Bulletin des Services de la Carte géologique* (3).

I. — LE VELAY VOLCANIQUE

Le Velay volcanique doit son unité au manteau éruptif qui le couvre presque en entier. Mais le volcanisme présente dans cette région un ensemble de caractères qui tantôt la rapprochent

---

(1) Voir les feuilles nos 176 (*Monistrol*), 177 (*Saint-Etienne*), 186 (*Le Puy*), 187 (*Valence*), 197 *(Largentière)* et 198 (*Privas*) de la carte à 1 : 80 000 et les feuilles correspondantes de la carte géologique (celle de Privas n'a pas paru).

(2) Voir : E. Arnaud, *Histoire des Protestants du Vivarais et du Velay, pays de Languedoc, de la Réforme à la Révolution*, Paris, 1888, I, p. 4.

(3) Marcellin Boule, *Description géologique du Velay* (*Bull. des Services de la Carte géologique*, IV, no 28, 1892-1893, p. 1-259, pl. I-XI) ; à part, Paris, 1892, 259 p., 71 fig., 11 pl. phot. et coupes.

et tantôt la différencient des autres contrées volcaniques de la France centrale. Les éruptions ne se sont point concentrées en un point déterminé, pour s'y superposer et former un gigantesque édifice, comme c'est le cas dans le Cantal ou le Mont-Dore ; elles se sont au contraire disséminées, éparpillées même en une multitude de points de sortie (plus de 200), dont aucun n'a donné naissance à un volcan de grandes dimensions. C'est dire que dans le Velay les manifestations de l'activité volcanique ont été relativement calmes ; elles ont consisté surtout en abondantes coulées de laves. En outre, le volcanisme a présenté dans le Velay une durée et une continuité qu'on ne retrouve pas ailleurs. Dès la fin du Miocène supérieur, pendant tout le Pliocène et le Pleistocène inférieur, le Velay a été le théâtre de nombreuses éruptions; mais l'activité volcanique s'y est déplacée : elle ne s'est manifestée à l'Ouest qu'après s'être éteinte à l'Est. Si l'on songe à la rapidité avec laquelle évolue le relief volcanique, on comprend combien variée doit être la topographie d'une région où les dépôts éruptifs n'ont point partout le même âge. Cette variété apparaîtra si nous parcourons le Velay volcanique ; nous la trouverons accentuée, tantôt par la diversité des roches éruptives, tantôt par l'alternance de périodes de creusement avec les périodes de comblement volcanique.

1° Le plateau du Velay.

C'est à l'ouest, sur le plateau du Velay, que le relief volcanique est le mieux conservé. Les coulées, entièrement basaltiques, forment par leur coalescence un manteau éruptif à peu près continu de 60 km. de longueur, sur une largeur trois ou quatre fois moindre. Un grand nombre de cônes de scories ou débris de bouches éruptives (plus de 150) accidentent cette surface, distinguant le plateau du Velay des plateaux basaltiques analogues de l'Aubrac, du Cézallier ou du Cantal, dont les cratères ont disparu.

Ces cônes, composés de matériaux fort meubles, sont déjà plus ou moins dégradés. De là leurs formes variées. La forme primitive de cône tronqué avec cratère est rare (M' de Bar). Un lac peut occuper un ancien cratère (lac du Bouchet) ; mais, presque toujours, le cratère n'est plus reconnaissable : ses rebords se sont effacés ; il est parfois « égueulé », les eaux qui l'occupaient en ayant emporté une partie en se déversant par-dessus ; si un petit cône en occupe le fond, on a la disposition classique de la Somma (sucs de Breysse). Le volcan n'est le plus souvent qu'une croupe, un cône régulier plus ou moins élevé (Mᵗ Farnier, la Durande, etc.). La plupart des cônes des altitudes inférieures, à la périphérie du plateau, ne sont plus que des tas informes de scories (Mᵗ Croustet, Mᵗ Serre, etc.), stade de démolition qui précède la disparition totale. Au lieu de pitons isolés, les cônes de scories, en s'agglutinant, forment parfois des crêtes rectilignes, dominant le plateau (massif du Devès), ou des massifs compacts (la Durande). Ailleurs, en se groupant suivant une courbe circulaire, ils donnent parfois l'illusion d'être les débris d'un cratère unique (Praclaux, Fix-Villeneuve). Tous ces volcans sont peu élevés : le plus haut, le Mᵗ Devès, n'a que 1.424 mètres ; leurs pentes sont relativement douces : de 15 à 18° en moyenne pour les mieux conservés ; par là se marque leur ancienneté vis-à-vis des Puys d'Auvergne qui offrent des pentes de 35°. C'est ce que M. Boule a mis en évidence en comparant les profils d'un certain nombre d'entre eux (1).

De ces volcans sont issues les grandes coulées de laves qui constituent le plateau du Velay. Ce sont des tables planes ; mais on y rencontre parfois des dépressions d'allure circulaire, qui ne peuvent être des cratères et semblent résulter d'une disposition locale des coulées s'enchevêtrant ou moulant quelques creux du substratum. Autrefois occupées par des lacs, ce ne sont plus aujourd'hui que des marais (marais de Landos) ou de grandes tourbières. Certaines, comme celle de la Sauvetat, présentent du côté de la Loire une étroite gorge, par où s'épanchèrent autrefois les eaux du lac. Les coulées ont perdu leur aspect primitif de « cheyres » : leur surface n'est point rugueuse, compacte et nue, comme celle de certaines laves récentes de la chaîne des Puys ; elle s'est décomposée, formant une terre

---

(1) M. Boule, ouvr. cité, p. 226, fig. 65. — Voir aussi p. 151, fig. 42.

noirâtre, très fertile. Des défrichements laborieux ont achevé de transformer en sol cultivable l'aride champ de pierres. Des cours d'eau s'installant sur le plateau, l'ont segmenté, creusant dans les coulées d'étroites vallées, couronnées parfois de belles colonnades prismatiques. Le démantèlement de la « planèze », commencé par les bords, se poursuit d'aval en amont, en vertu de l'érosion régressive, plus ou moins rapidement selon la nature du sol infra-volcanique, cristallin ou argileux, et l'épaisseur des coulées. Une cascade qui recule vers l'amont marque le point où porte surtout l'effort de l'érosion et où la rivière, quittant le basalte, atteint le substratum.

Ce travail de destruction n'a pas été poussé bien avant : le plateau du Velay est encore très incohérent et peu morcelé ; c'est un signe de son âge récent, que les travaux de M. Boule permettent de fixer au Pliocène supérieur. Son réseau hydrographique manifeste la même jeunesse relative. Affluents de l'Allier et de la Loire forment deux systèmes distincts, mais ont les mêmes caractères. Pour la plupart sans sous-affluents, rectilignes, ils coulent parallèlement suivant la pente générale du terrain. Ils cheminent d'abord à fleur de terre, à la surface du plateau, entre un double rideau de saules et d'aulnes, puis s'encaissent brusquement dans les coulées, en formant une cascade.

Ne peut-on se représenter l'allure du pays avant que les éruptions du Pliocène supérieur aient modifié sa topographie ? Le grand nombre et la dissémination des bouches volcaniques, la courte activité de la plupart, qu'une semaine, ou même un jour, a pu épuiser, la faible épaisseur des coulées, tout cela permet de penser que le déluge de lave n'a guère fait que mouler, en la nivelant légèrement, l'ancienne surface du pays. Cette surface, on peut la reconstituer, en supprimant sur une carte en courbes toutes les isohypses qui n'intéressent que le relief volcanique surajouté ou sont dues au creusement postérieur des vallées (fig. 1) (1). En tenant compte des données

____

(1) Je me suis servi, pour dresser ce croquis, de la « carte hypsométrique du Velay, dans l'hypothèse où les terrains volcaniques seraient enlevés », publiée par M. Boule (ouvr. cité, p. 7) ; mais je n'ai pas tenu compte du travail de

de la géologie, on peut dire qu'un anticlinal granitique occupait autrefois le centre de la région ; contre lui, venait buter, à l'ouest, par une faille dirigée NW-SE, une plate-forme de gneiss peu large, inclinée vers la vallée de l'Allier, moins profonde qu'aujourd'hui d'une cinquantaine de mètres. A l'Est,

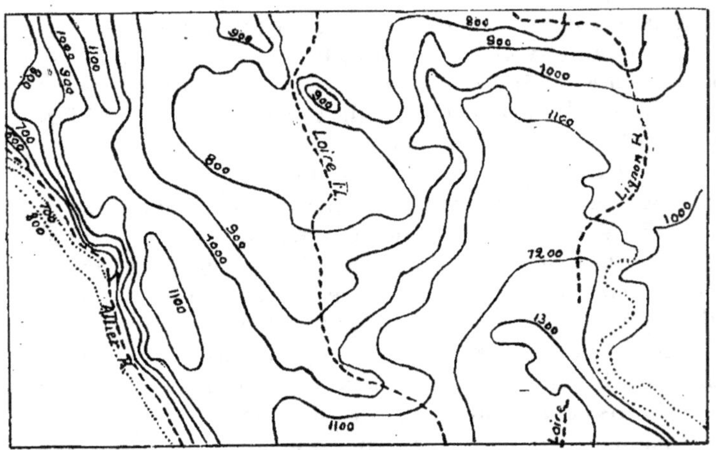

Fig. 1. — Carte du Velay occidental avant les éruptions pliocènes.
Le pointillé indique les courbes hypothétiques hors du Velay. — Le trait discontinu indique le tracé actuel des cours d'eau. Echelle 1 : 600 000.

des argiles oligocènes, occupant un synclinal découpé par des failles en échelons au Miocène supérieur, formaient un plan doucement incliné, qui s'appuyait au voussoir granitique. C'est cette topographie que les éruptions accentuèrent, en édifiant sur la partie centrale, la plus élevée, le long de l'ancienne faille qui livra passage à leurs matériaux, toute une chaîne de montagnes.

Cette chaîne, dite **chaîne du Velay** ou chaîne du Devès, du nom de son sommet principal, a introduit diversité et variété dans la région dont elle est l'épine dorsale. De loin, elle appa-

l'érosion depuis l'époque pliocène. La vallée de l'Allier était alors plus profondément creusée que celle de la Loire, comme en témoignent les fragments basaltiques pliocènes situés un peu au-dessus du thalweg actuel.

raît comme une vague figée, à crête à peu près régulière et continue, barrant le plateau. Au Sud, elle est formée d'abord de monticules isolés. Mais bientôt, vers le Nord, les cônes se soudent, et, sur plusieurs kilomètres, se dessine une crête presque rectiligne, interrompue seulement par le col de Montbonnet : c'est le massif du Devès. Avec celui de la Durande, les volcans se groupent d'une façon plus capricieuse : leurs bases restent confondues, mais leurs sommets s'individualisent. La chaîne se termine par une sorte de croupe basse, arrondie, à l'extrémité de laquelle se dresse, isolé, le volcan bien conservé du Mt de Bar. Couverts de landes jusqu'au milieu du xixe siècle, les Monts du Velay ont été en grande partie reboisés. Les cultures disputent à la forêt les pentes inférieures, arrêtées seulement par la raideur des versants ou la rigueur du climat. Le caractère des bois change à mesure que croît l'altitude ; les taillis de noisetiers et les futaies de pins silvestres du pied de la montagne ne tardent pas à faire place aux hêtres, d'abord élancés, puis buissonnants. Sur la crête, pins, sapins mélèzes rabougris alternent avec de hauts genêts. Plus froide que les plateaux, couverte de neige plus longtemps, la chaîne du Velay est à peu près inhabitée ; quelques villages seulement sont établis près des cols, au point où les routes traversent la montagne.

Sans jouer un rôle de vraie barrière, les Monts du Velay isolent un peu l'étroit **plateau de Saint-Jean-Lachalm,** qui s'étend à l'Ouest, s'abaissant jusqu'à l'Allier par un versant assez abrupt. Les cônes sont peu nombreux sur cette planèze dénudée, qui, au premier abord, semble déserte. Les habitations, rares au pied de la chaîne du Velay, forment une guirlande de villages au bord du plateau échancré de vallées, sur le pourtour des coulées, où les eaux d'infiltration, retenues par le substratum cristallin imperméable de la planèze, sortent en sources abondantes. Les maisons ont, en outre, l'avantage d'être à portée de deux pays différents : le plateau basaltique, portant les cultures, champs d'avoine et champs d'orge, qui font reculer les champs de seigle et les landes, et le versant droit de la vallée de l'Allier, couvert de bois et de pâturages.

Pauvre et peu peuplée, cette dernière région vit de maigres

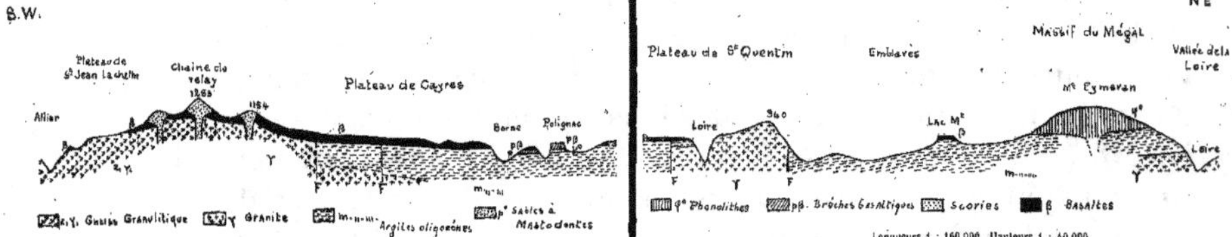

Fig. 2. — Coupe à travers le Velay volcanique.

cultures et d'un peu d'élevage. La raideur des pentes et leur
ravinement par de nombreux torrents rendent la circulation
difficile. Le sol, granitique ou gneissique, est, du reste, peu
fertile. Les coulées basaltiques se tiennent, en effet, le plus souvent sur le plateau, à 1,100 mètres d'altitude en moyenne,
dominant l'Allier de 4 à 500 mètres. Sur certains points, cependant, vers Monistrol, Saint-Haon, elles descendent très bas
dans la vallée. Parfois même, elles vont jusqu'au fleuve, qui
tantôt y a entaillé des gorges sauvages, tantôt les a contournées,
se creusant un nouveau lit dans le granite ou le gneiss voisins.
Avant les éruptions pliocènes, la vallée de l'Allier différait peu
de celle d'aujourd'hui; elle était seulement un peu moins profonde.

Le plateau de Saint-Jean-Lachalm a comme son pendant, à
l'Est des Monts du Velay, dans **le plateau de Cayres**. Mais
celui-ci, plus large, a une couverture volcanique plus continue.
De nombreux cônes, fort dégradés et peu élevés pour la
plupart, à la terre rougeâtre, le plus souvent coiffés d'un bois
de pins sylvestres, forment comme des îlots verts à la surface
de la planèze sombre et dénudée. Quand, profitant de leurs
faibles pentes et de la nature friable de leur sol, les paysans
les labourent entièrement, ces « gardes », ou « serres », vues
d'un point élevé, se distinguent à peine du plateau. La terre
noirâtre de celui-ci, débarrassée de ses pierres, qui forment

autour des champs un quadrillage serré de petits murs bleuâtres,
porte les cultures et les prairies bien arrosées, où paissent
de vigoureux chevaux. Les céréales dominent : peu de froment, à cause du climat rigoureux, moins de seigle qu'autrefois, plus d'avoine, et surtout beaucoup d'orge, qu'utilisent les
brasseries du Puy, et des lentilles, destinées à l'exportation.
Les landes, en recul marqué, servent de pacage à des moutons, dont le nombre, autrefois considérable, décroît à mesure
que diminuent les espaces incultes. Le plateau de Cayres est
assez peuplé. Groupées en villages, les maisons se placent aux
points de sortie des eaux d'infiltration ; elles forment une traînée au pied de la chaîne du Velay, s'établissent à proximité
des cônes épars, ou s'installent sur la bordure de la planèze,
dominant les échancrures des vallées étroites et boisées. Des
bourgs, d'égale importance et régulièrement espacés, se suc-
cèdent du Nord au Sud sur ce plateau, trop étroit et trop allongé
pour n'avoir pas plusieurs centres, tous lieux de marchés :
Saint-Paulien, Loudes, Solignac, Cayres, Pradelles.

2° Le Plateau du Mézenc.

Si, franchissant la Loire, on visite la région orientale du
Velay volcanique, on est frappé du changement de physionomie
du pays. La belle régularité et la simplicité du plateau du

Velay ont disparu, et, avec elles, l'air de jeunesse du relief. Tout indique que la région est plus ancienne et plus évoluée ; c'est d'abord la disparition des cônes de scories, dont on est étonné de ne plus voir la masse rougeâtre, coiffée d'un bois de pins ; c'est aussi le morcellement avancé du plateau volcanique, échancré de larges vallées, réduit à des presqu'îles, ou même à des îlots, dont l'allure tabulaire et la correspondance des altitudes indiquent seules l'ancienne continuité. Le travail des eaux a encore accentué cette complexité, en révélant parfois sur de larges étendues le sous-sol assez varié : gneiss, granite gneissique, argiles et sables. Et le réseau hydrographique, agent de cette transformation de la contrée, porte aussi les traces d'un âge plus avancé. Sur les rivières principales conséquentes qui vont à la Loire, des affluents et même des sous-affluents se sont greffés. Les vallées sont creusées profondément presque dès l'origine ; étroites et encaissées dans le granite à l'Est, elles s'élargissent dans les argiles à l'Ouest. Tous ces traits, auxquels il faut joindre la variété des roches volcaniques (basaltes, andésites, labradorites, trachytes, phonolites, etc.) et leur inégal démantèlement selon les points, donnent, au premier abord, à la région un aspect fort varié et un peu chaotique. C'est peut-être dans cette diversité même, tenant à son ancienneté relative, qu'il faut chercher, en opposition avec le plateau du Velay, si régulier et homogène, l'unité de ce pays qu'on peut appeler le plateau du Mézenc.

La géologie permet de préciser et de confirmer ce que nous a révélé le simple examen de la topographie. Avant les éruptions volcaniques, vers la fin du Miocène, le pays se présentait, au Sud-Est et à l'Est, comme un voussoir granitique élevé. Contre ce plateau venaient butter, à l'Ouest, à l'état de lambeaux de moins en moins importants et de plus en plus élevés, deux formations sédimentaires : des argiles et sables à chailles (1) d'âge miocène, et les argiles oligocènes du bassin du Puy. Ces dépôts, qui devaient aux failles du Miocène supérieur leur étagement en gradins, s'abaissaient doucement jus-

____

(1) *Chailles*, morceaux de calcaire très siliceux. Sur cette formation, voir M. Boule, ouvr. cité, p. 76-81.

La Table de Chazeaux, fragment d'une épaisse coulée de basalte des plateaux, détaché et mis en relief par l'érosion de la Borne.

L'Allier à Monistrol-d'Allier : le fleuve s'est frayé un chemin à travers les coulées basaltiques descendues ici jusqu'au thalweg

LE GERBIER-DE-JONC, piton phonolitique de 1551 mètres vu du Sud-Ouest. A droite, dans la prairie, *la ferme de la Loire*, type d'habitation des hautes régions. Le fleuve prend sa source non loin de là.

LE MÉZENC (1754 mètres), masse énorme de phonolite vue de l'Ouest où elle se raccorde en pente douce aux plateaux couverts par la pelouse subalpine. Au premier plan des éboulis blanchâtres ; en arrière quelques résineux rabougris.

LE BASSIN DE SAINT-JULIEN-CHAPTEUIL : au premier plan la ville ; en arrière, émergeant du fond creusé dans les argiles, des buttes volcaniques ; dans le fond la silhouette de la chaîne phonolitique du Mégal qui dresse au centre à 1138 m. son point culminant Testevoire.

qu'au bassin du Puy, dont le point le plus bas était à 800 m. Les parties les plus hautes du plateau granitique étant à 1.300 m., la différence n'était que de 500 m. ; elle est aujourd'hui de 1.150 m. (1). Cette augmentation est due, pour une part, au creusement effectué par la Loire, et, pour l'autre, aux dépôts volcaniques, dont l'épaisseur dépasse, au Mézenc, 450 m. Dès la fin du Miocène supérieur et jusqu'à la fin du Pliocène moyen, d'une foule de bouches éruptives sortirent les laves et les produits de projection les plus divers ; la région prit une physionomie analogue à celle du plateau du Velay, plus jeune seulement et plus variée. Comment, depuis, l'érosion l'a différenciée, c'est ce qu'un tableau rapide de ses divers aspects va nous montrer.

Au Sud, la destruction très avancée de la couverture volcanique, peut-être moins épaisse en cet endroit, a remis à jour un fragment de l'ancienne pénéplaine cristalline. La Loire et ses premiers affluents y ont entaillé de profondes et sauvages vallées, souvent boisées, qui séparent des croupes basses et arrondies. La partie la plus élevée du pays est le rebord irrégulier du plateau, curieusement déchiqueté par les torrents du Vivarais. Il porte deux volcans quaternaires : le Suc de Bauzon (1474 m.), en forme de cratère égueulé, et la Vestide de Pal, cratère d'explosion, dont trois petits cônes de scories parsèment le fond granitique (2). Là subsistent des vestiges encore imposants de l'ancien manteau de forêts qui couvrit le pays : le bois du Faultre, la vaste forêt domaniale de Mazan et le bois de Bauzon. A mesure qu'on s'élève en altitude, on y voit les sapins succéder aux hêtres en futaies, puis faire place sur les sommets aux hêtres buissonnants. Le reste du plateau est dénudé et d'une grande tristesse. Une population peu nombreuse, très disséminée, vit dans des fermes isolées ou de petits hameaux, placés de préférence sur le plateau au bord des vallées. Elle se livre à l'exploitation extensive d'un sol couvert de pâturages, où paissent des chevaux et surtout des

---

(1) M. BOULE, ouvr. cité, p. 119.

(2) G. FABRE, *Origines des cirques volcaniques. Description du groupe des volcans de Bauzon (Ardèche). (Bull. Soc. Géol. de France*, 3ᵉ série, XV, 1887), p. 346.

bêtes à cornes de la race -locale du Mézenc. Les cultures, champs de seigle surtout, sont rares, car le sol est maigre et le climat si rude que l'abbé Mortesagne disait au xviiie siècle : « On croit être arrivé en Norvège ou en Laponie (1) ». Les landes et les bruyères couvrent de grands espaces. **Saint-Cirgues** (population agglomérée au bourg : 599 hab.), la localité la plus importante après Coucouron, un peu extérieur, peut donner son nom à ce plateau, qui, fragment du Vivarais historique, se rattache nettement au Velay par sa géographie.

Au Nord du plateau de Saint-Cirgues, le paysage volcanique reparaît. A un haut pays parsemé de pics nombreux, se soude un vaste plateau basaltique, fort morcelé, dont la variété d'aspects fait l'originalité au milieu de régions plus homogènes. Ce plateau, qui porte la vieille ville du **Monastier**, grand marché agricole du Velay oriental, n'a plus de cônes de scories. A l'Ouest, de larges vallées, creusées dans les argiles, le découpent en tables irrégulières, dont l'abrupt noirâtre est parfois boisé. A 150 m. plus bas que les plateaux, une ancienne terrasse de la Loire, couverte de basalte, forme le fond d'un petit bassin fertile : le bassin de Chadron, séparé par un promontoire basaltique de celui de Cussac. Quand on va vers l'Est, au contraire, le granite constitue le substratum, et les fragments basaltiques, plus cohérents, forment des langues plates, séparées par d'étroites vallées, et même finissent par se souder. Les tables volcaniques portent les cultures ; les habitations, groupées en villages, se placent à proximité des sources, qui jaillissent au pied des coulées.

Par le plateau du Monastier se fait insensiblement le passage entre les riches et riantes vallées du bassin du Puy et les sévères plateaux du Mézenc. De l'Ouest à l'Est, l'altitude augmente, le climat devient plus rude, le sol moins fertile ; le froment et les lentilles cèdent la place au seigle et à l'avoine ; les pâturages s'étendent au détriment des cultures ; les maisons prennent un aspect plus misérable.

Avec le **Massif du Mézenc**, un paysage nouveau apparaît. Les

(1) Faujas de Saint-Fond, *Recherches sur les volcans éteints du Vivarais et du Velay*, Paris-Grenoble, 1778, p. 372. Les lettres de l'abbé Mortessagne sont annexées au volume, sous le titre : *Lettres sur les Volcans du Haut Vivarais*.

phonolites, qui en sont l'élément essentiel, forment dans le Velay une traînée orientée N 30° W, une soixantaine de pointements répartis en deux massifs distincts : celui du Mézenc et celui du Mégal, plus au Nord. Leur relief, très varié, aux formes heurtées et hardies, et leur couleur grise ou blanchâtre permettent de distinguer facilement les montagnes phonolitiques des cônes de scories basaltiques, rougeâtres et comme émoussés. Les phonolites, auxquels on peut joindre les trachytes plus rares, forment le plus souvent des « sucs » ou pics à pentes fort raides, mais à sommets arrondis, sortes de mamelons presque toujours chauves et dénudés. On voit aussi des croupes hautes et arrondies, dômes ou coupoles (La Tortue, montagne de Boussoulet) : des bois de pins, sapins ou hêtres, leur donnent un aspect hérissé. On trouve des pyramides tronquées, des tables irrégulières bordées de grands escarpements. Parfois, plusieurs tables, en retrait les unes sur les autres, se superposent et ont un sommet arrondi (pic de Lizieux, Rocher Tourte).

Les phonolites forment souvent des prismes, qui se divisent eux-mêmes transversalement en dalles sonores, ou « lauzes », utilisées par les paysans pour couvrir leurs habitations. La structure tabulaire peut du reste exister seule. La structure et la disposition des phonolites influent sur la forme des montagnes, comme l'a montré un géologue du Velay, Bertrand-Roux. Par exemple, des prismes verticaux se divisant en feuillets horizontaux, ou des phonolites tabulaires à dalles à peu près verticales forment des escarpements hardis (Miaune, roc de la Billeyre) : « lorsque ces prismes et ces tables, quelle que soit d'ailleurs leur position, se divisent en dalles qui vont se relevant de plusieurs côtés vers le sommet de la montagne », on a des cônes tronqués ou des dômes (1).

L'origine de ces montagnes, aux formes si diverses, n'est pas complètement éclaircie. Dans l'ensemble, elles se rattachent au type des volcans acides. Les laves phonolitiques sont

---

(1) BERTRAND-ROUX, *Description géognostique des environs du Puy-en-Velay et particulièrement du bassin au milieu duquel cette ville est située*, 1823, p. 118. BERTRAND-ROUX s'est fait appeler plus tard BERTRAND DE DOUE.

sorties sans explosions violentes, et, par suite de leur viscosité, se sont simplement accumulées autour des orifices d'expulsion, formant des cônes ou des dômes. Quand ils avaient atteint une hauteur assez grande, ceux-ci s'effritaient : d'où la formation à leur pied de ces énormes éboulis de blocs, « cheyres » ou « clapiers », que l'action destructive des agents atmosphériques ne suffit pas à expliquer. La fluidité de la lave a pu être parfois assez grande pour former d'épaisses et larges coulées, donnant des plateaux à surface accidentée comme celui de Roffiac. Enfin, « il a même pu arriver que des poussées de bas en haut, s'exerçant sur un magma déjà solidifié, aient fait surgir, d'une ouverture rigide, des masses rocheuses énormes, offrant encore, malgré les injures du temps, des silhouettes hardies et imposantes (1) ».

Les phonolites du Massif du Mézenc ne forment pas une chaîne continue. Pour avoir une idée nette de la région, il faut faire l'ascension de son point culminant, le Mᵗ Mézenc (1754 m.). Du sommet, la vue est immense. A l'Est et au Sud-Est, se creusent les ravins du Vivarais, profonds parfois de 800 m. Ces ravins, taillés dans le granite, sont séparés par d'étroites crêtes, couronnées de lambeaux volcaniques ; de nombreux sucs phonolitiques en émergent au Sud-Est : l'érosion vigoureuse des torrents à forte pente a accompli là une œuvre de destruction formidable. A l'Ouest et au Nord, s'étendent, au contraire, de vastes plateaux basaltiques. Des vallonnements doux, puis des déchirures étroites et profondes, en rompent la continuité. Ces plateaux, peu inclinés, très élevés, dénudés, forment comme une vaste pelouse à l'herbe rase, semée dans la belle saison de fleurs éclatantes, où se dressent çà et là les « sucs » chauves et grisâtres, aux formes étranges. C'est l'association des sucs et des plateaux, dont l'état de conservation s'explique par l'épaisseur des dépôts volcaniques et la nature cristalline du substratum, qui donne au Mézenc son originalité.

Cette région, à l'ensemble de laquelle on pourrait étendre

(1) M. Boule, *La Montagne Pelée et les volcans d'Auvergne* (*La Géographie*, XI, 1905, p. 22). — Id., ouvr. cité, p. 146-151.

le nom de « pays des phonolites » (1), que Forbes a donné à
une de ses parties, mériterait aussi celui de pays des sources,
tant les suintements d'eau y sont nombreux : il y en a partout,
surtout au pied des sucs, donnant naissance à un éventail de
rivières. Cette multitude de sources explique l'éparpillement
des hameaux et des fermes isolées : les maisons basses, au toit
très incliné, couvert de « lauzes » ou de chaume, aux ouver-
tures rares et petites, semblent tapies sur le sol pour mieux
résister à la violence des vents et aux terribles tempêtes de
neige, qui rendent la circulation périlleuse ou impossible en
hiver. Les villages et les bourgs, peu nombreux, se trouvent
à la périphérie de la région, à portée de pays plus heureux. La
population, clairsemée, vit de l'exploitation extensive du sol.
Les bois ont à peu près disparu ; le paysan en est réduit à brû-
ler des mottes de gazon ; les essais de reboisement n'ont guère
réussi jusqu'ici. Le pays dénudé est une sorte d'immense pâtu-
rage, dont l'herbe, courte et succulente, nourrit de grands
troupeaux de bêtes à cornes de la race mézine, richesse du
pays, ou des multitudes de moutons venus chaque année du
Gard, en juin, pour repartir en septembre. Les céréales, dont
la culture est possible grâce au manteau de neige qui couvre
le sol en hiver, occupent peu d'espace ; mais des routes com-
modes permettent aujourd'hui à la région de s'approvisionner
ou d'écouler ses produits facilement aux grandes foires du
Monastier.

Au Nord du Massif du Mézénc, les montagnes phonolitiques
disparaissent ; un vaste plateau basaltique, peu accidenté, étale
ses pelouses dénudées, monotones, parsemées de grands « clapiers ». Une population peu nombreuse est disséminée à la
surface de cette région, au climat rude, ouverte aux vents et
aux tempêtes. Cette région doit à sa physionomie particulière
d'avoir un nom spécial : c'est **la Champ du Pin.**

Au delà de ce plateau, large de quelques kilomètres, le paysage phonolitique reparaît dans **le Massif du Mégal,** mais avec
un caractère un peu différent. La région est moins élevée que
celle du Mézenc : les hauts sommets sont rares ; le point culminant, le signe du Mégal, ou Testevoire, n'a que 1438 m

(1) Cité par M. BOULE, ouvr. cité, p. 9.

2

L'altitude diminue du Sud au Nord et de l'Est à l'Ouest. Le Mégal est aussi plus morcelé : le morcellement augmente de l'Est à l'Ouest et du Sud au Nord, parce qu'on passe d'un substratum granitique à un substratum argileux. Mais le grand changement du relief vient de la dégradation très avancée des plateaux basaltiques, si cohérents dans le Massif du Mézenc. L'érosion a creusé de petits bassins, autour desquels les sucs phonolitiques forment des sortes d'enceintes ; des prairies et quelques champs en occupent le fond, tandis que des bois ou des « clapiers » couvrent le flanc des montagnes. Tel est le bassin de Recharinges, entre le Mégal, le Lizieux et le Suc d'Araules. Le bassin de Saint-Julien-Chapteuil, qui fait la transition entre le Mégal et l'Emblavès, est plus grand. De son fond émergent de nombreux sucs, montagnes d'argiles coiffées de phonolites.

Les vallées qui entaillent le massif du Mégal sont fort pittoresques. Celle du ruisseau de Beaulieu en est un bel exemple. Très large dans les argiles de l'Emblavès, en aval de Rosières, elle se retrécit et s'encaisse en amont. La partie inférieure des flancs de la vallée, creusée dans le granite, est étroite : la rivière se tord au milieu de minuscules prairies, entre des versants abrupts couverts de bois de pins ou de chênes ; ces gorges sauvages sont inhabitées. Mais, au-dessus, la vallée s'évase, s'élargit dans les argiles : une plate-forme doucement inclinée porte des prairies et des cultures sur le versant exposé au Sud, des landes ou des bois sur celui qui regarde le Nord ; elle est dominée par les sucs grisâtres, hérissés de pins ou de sapins.

Cette région très accidentée est pauvre et sauvage. Le reboisement a reconstitué en partie son ancien manteau de forêts ; mais les champs de pierre, les « cheyres », occupent, ainsi que les landes, de grandes surfaces. Le sol phonolitique, moins riche que le sol basaltique, ne convient guère, non plus que le climat fort rude, aux cultures ; mais il porte de vastes pâturages ; l'élevage, moins important que dans la région du Mézenc, est la ressource principale des habitants, dont les maisons se groupent en hameaux au pied des sucs. Ceux-ci, en effet, très fissurés, véritables éponges, laisssent s'infiltrer les eaux de pluies, qui reparaissent en sources au contact des argiles ou du granite. Saint-Julien et Yssingeaux sont les deux villes-marchés de la région, établies à la périphérie, à portée de pays plus favorisés.

3° LE BASSIN DU PUY.

Entre les deux hauts plateaux volcaniques du Mézenc, à l'Est, et du Velay, à l'Ouest, est comme blottie une région déprimée : le bassin du Puy. C'est une sorte de creux, évidé par le travail des eaux dans les basaltes et leur substratum argileux, une cuvette, dont le bord irrégulier est formé par les plateaux très échancrés et dont le fond est encombré de nombreux « témoins » argileux, coiffés de roches volcaniques. Aux plateaux, qui jusque là dominaient la topographie et portaient habitations et cultures, se substituent de larges vallées, qui deviennent la partie vivante du pays. Le relief positif ou surajouté, d'origine éruptive, cède la première place au relief négatif, en quelque sorte, qui résulte du creusement, et dont l'érosion fluviale est l'agent essentiel. Un climat plus doux, tenant à une altitude moyenne plus basse et à une situation plus abritée, des cultures plus riches et plus variées, des groupements humains plus importants achèvent l'originalité de cette région privilégiée.

L'histoire géologique du bassin du Puy, fort compliquée, nous montre une lutte, aux vicissitudes nombreuses, entre les forces de comblement et les forces d'érosion. L'époque éocène vit la formation, puis la destruction partielle, d'un dépôt assez étendu d'arkoses granitiques. Pendant l'Oligocène, le pays fut occupé par un lac, où se déposèrent, au centre, des gypses, des marnes et des calcaires, et, sur les bords, des argiles sableuses. L'épaisseur de ces couches est surtout grande dans les environs du Puy et au milieu de l'Emblavès ; à mesure qu'on gravit les hauteurs qui bordent ces dépressions à l'Est et à l'Ouest, on ne trouve plus ces formations qu'à l'état de lambeaux de moins en moins considérables et d'altitude de plus en plus grande. Cette disposition en gradins est due à des mouvements orogéniques, qui, au Miocène supérieur, formèrent une sorte de synclinal à grand rayon de courbure, découpé par des failles en échelons, et où des parties très élevées surgissent au milieu de parties affaissées. Les plus importantes de ces failles sont orientées NW-SE ; c'est le cas de celles qui limitent le voussoir granitique de Saint-Quintin-Chaspinhac ; celle du Nord à 35 km. de longueur, et il y a 250 m. de différence entre le sommet du voussoir et le fond du bassin de l'Emblavès pour uné distance horizontale de 500 m. (fig. 2).

Ainsi furent établis les traits essentiels de l'orographie du Velay volcanique. Mais deux ordres de faits sont venus ensuite achever de modeler la topographie du bassin du Puy : les éruptions volcaniques et l'érosion fluviale. Entre ces forces contraires, le feu et l'eau, un long duel s'est engagé. Au Pliocène inférieur, l'érosion l'emporte, faisant disparaître entièrement les premiers dépôts volcaniques. Au Pliocène moyen, rivières et volcans semblent lutter à qui comblera le plus vite de ses dépôts la cuvette du Puy. Dépôts alluviaux, dits Sables à Mastodontes, épais parfois de 100 m., coulées et surtout brèches basaltiques, alternent, s'intercalent, se superposent. Quelques mouvements du sol peu importants affectèrent ensuite ces couches. Les éruptions volcaniques du Pliocène supérieur achevèrent de niveler le bassin, colmatant les vallées, forçant les eaux à se creuser de nouveaux lits. Mais, ensuite, l'activité volcanique fut vaincue. Des rivières moins larges, mais plus impétueuses que celles du Pliocène moyen, s'attaquèrent à la couverture volcanique et la morcelèrent. Les éruptions ne purent désormais que marquer les étapes du creusement rapide des vallées de la Loire et de ses affluents pendant le Pleistocène. Des coulées de laves, dites « basaltes des pentes », soulignent sur le flanc des vallées d'anciennes terrasses fluviales ; des coulées plus récentes encore, puisqu'on les trouve au fond des vallées, gênèrent enfin le travail d'érosion des cours d'eau, qui, comme la Borne vers Saint-Vidal, durent les contourner ou s'y creuser des gorges imposantes. Ces basaltes, dont le morcellement est assez avancé, sont plus anciens que ceux des vallées de l'Auvergne ou du Vivarais. Cependant, des ossements fossiles trouvés à Denise indiquent que l'homme fut témoin des dernières éruptions du Velay (1).

(1) M. BOULE, ouvr. cité, p. 219-224.

Au premier plan [...] de la [...] au fond, vue de la Haute-Auvergne, les quatre rochers volcaniques, isolés par l'érosion, de l'Aiguille, d'Espaly, d'Aiguilhe, de Corneille [...] au sommet des [...] et des édifices religieux à leur base, aux cols des anciens méandres, des villages. En arrière les [...] les plateaux les dômes [...] mamelonné les plaines et les monts couverts de vignes [...] roquettes, [...] tout à gauche, est, au-delà de la chaîne plutonique du Mézenc.

Panorama Sud du Puy (vue du haut du rocher Corneille). — Au premier plan la ville haute avec sa cathédrale, ses couvents, ses rues étroites ; à ses pieds la ville basse, avec ses grandes places, ses monuments récents, son jardin ; dans le fond le vallon du Dolaizon encadré de plateaux et de "gardes", cônes de scories aux formes émoussées.

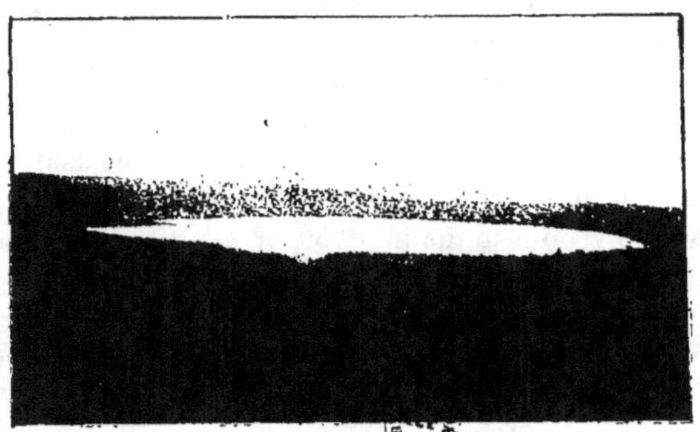

Lac de Bouchet, nappe d'eau dans un ancien cratère de volcan.

Connaissant l'histoire mouvementée du bassin du Puy, nous ne serons pas étonnés, si nous le parcourons du Sud au Nord, d'y trouver des aspects différents. Les populations ont senti ces contrastes et donné à certaines petites régions des noms expressifs. De part et d'autre d'un voussoir granitique élevé, le plateau de Saint-Quintin, elles distinguent le « Creux du Puy », au Sud, et l' « Emblavès », au Nord.

Le Creux du Puy est formé par la réunion des vallées profondes et larges de la Loire et de ses affluents en amont de Peyredeyre. Le paysage est fort pittoresque. Les plateaux basaltiques, surmontés çà et là de petits cônes de scories, ou « gardes », boisés, forment des sortes d'éperons ou de promontoires aux bords horizontaux, uniformes, se profilant de tous côtés sur le ciel. Ces plateaux, d'une altitude moyenne de 800 m., portent les cultures : blé, orge surtout et lentilles, presque pas de seigle. Quelques villages sont placés sur leurs bords pour profiter des sources. Mais, sur la rive droite de la Loire, ces plateaux font place à des « témoins » basaltiques isolés, d'une allure massive et irrégulière, qui semblent correspondre à des parties épaisses d'anciennes coulées, ou même dans certains cas à des points de sortie. Les chapeaux de basalte couronnent des pentes argileuses assez raides, ravinées, couvertes de bois ou de vignes : l'ensemble à un aspect de montagne (Brunelet, Doue, Bouzols, etc.).

Les vallées sont assez étroites aux points où les rivières quittent les plateaux par une cascade et entrent dans le bassin du Puy ; mais elles ne tardent pas à s'élargir dans les argiles. Leurs versants, en pente douce, accidentés çà et là par d'étroites terrasses que soulignent des coulées de basalte, sont parsemés de nombreuses maisons de campagne aux toits rouges ; la vigne y pousse jusqu'à 750 m. d'altitude, et les cultures y sont prospères. Les rivières, bordées d'aulnes et de saules, coulent au milieu de riches prairies bien irriguées, sauf aux environs du Puy, où les cultures maraîchères occupent le fond des vallées.

Mais le Creux du Puy doit surtout son pittoresque aux rochers abrupts, curieusement découpés, dont les masses sombres émergent des vallons frais et riants et sont portées par des sortes de piédestaux argileux. Une ruine féodale ou un édifice religieux les couronne généralement, tandis qu'un village se blottit à leur pied ; chacun a son histoire et sa légende, où les exploits de chevalerie se mêlent aux évènements miraculeux. Les plus curieux sont : le rocher de Polignac, à forme d'Acropole, le rocher Saint-Michel ou d'Aiguilhe, sorte d'obélisque gigantesque, et le rocher Corneille, qui domine la ville du Puy et sa vieille cathédrale. Ces rochers isolés, formés de brèches volcaniques, ne sont pas, pris dans leur ensemble, des dykes, mais des « témoins » découpés par l'érosion dans un ensemble autrefois beaucoup plus vaste et que les mouvements du sol postérieurs au Pliocène moyen ont portés à des niveaux différents (1).

Le Creux du Puy est moins un bassin qu'une série de petits compartiments inégaux, séparés par des promontoires basaltiques et drainés par le ruisseau de Chalon, la Borne et la Loire. Il faut y joindre la plaine tertiaire affaissée de Saint-Germain-Laprade, située un peu à l'écart et moins encombrée de débris volcaniques. Cette région est la plus peuplée du Velay ; l'agglomération en bourgs ou gros villages est la loi. La seule ville importante du Velay est là : Le Puy a plus de 20.000 habitants, et des avenues bordées de maisons le relient à plusieurs gros villages qui l'entourent ; le tout constitue une agglomération de 25.000 âmes environ. Si l'on ajoute que, à l'imitation des rivières, les routes et les voies ferrées convergent vers le Creux du Puy et qu'il est le site de la capitale du Velay, ville-marché aux foires nombreuses et importantes, centre du commerce de la dentelle, siège d'un évêché et lieu de pèlerinage très fréquenté, on comprendra que dans cette région privilégiée batte le cœur du Velay.

Le Creux du Puy est fermé au Nord par une sorte de barrière, croupe granitique d'une altitude moyenne de 900 m. orientée NW-SE, très allongée et large seulement de 6 à 8 km. Quelques petits cônes de scories sont greffés sur sa surface inégale. Une arène grossière forme un sol maigre et pauvre, qui ne porte que des cultures de seigle et de pommes, de terre. Les sources y sont peu abondantes, et les villages, peu nombreux, sont installés au bord des échancrures du pla-

(1) M. Boule, ouvr. cité, p. 190-200.

teau et à la tête des ravins. Les pentes, assez raides, par lesquelles le plateau s'abaisse jusqu'aux bassins tertiaires qui l'encadrent, sont sillonnées par un grand nombre de ravins parallèles, souvent sans eau ; des pins rabougris mêlés de chênes et de grands genêts s'accrochent au rocher ; là, ni habitations ni cultures ; c'est par des chemins étroits, défoncés, à pente très forte malgré les lacets qu'ils décrivent, qu'on peut accéder péniblement jusqu'au sommet du plateau.

A travers cette sorte de muraille épaisse et imposante, la Loire s'est frayé un passage : elle coule dans des gorges sinueuses, profondes et sauvages. Comment a-t-elle pu franchir cet obstacle ? Tel est le problème qui se pose naturellement. Le creusement de la vallée semble s'être fait en deux temps. Au Pliocène moyen, la vallée devait être creusée jusqu'à une altitude voisine de 800 m. Il le fallait, en effet, pour que pussent s'épancher les eaux des fleuves qui ont déposé en amont les Sables à Mastodontes ; ceux-ci sont à une altitude inférieure de plus de 100 m. à celle du voussoir granitique. D'abord arrêtées par cet obstacle et obligées de se déverser par-dessus les eaux avaient dû assez vite s'y creuser un passage. Les éruptions volcaniques qui suivirent ne durent pas modifier beaucoup, ni surtout d'une façon durable, la situation. Ce n'est qu'à la suite d'un changement du niveau de base (que nous ne pouvons dater d'une façon précise, car il se produisit hors et loin du Velay) que l'érosion, prenant une vigueur nouvelle, approfondit rapidement la vallée et lui donna la forme de couloir ou de défilé qu'elle a aujourd'hui. La raideur des versants indique assez la rapidité et la jeunesse relative de ce creusement.

Ces gorges, où nulle habitation ne s'est installée, sont suivies par une route et une voie ferrée ; par elles, le Creux du Puy communique facilement avec l'Emblavès. Le **plateau granitique de Saint-Quintin** ne joue donc pas le rôle d'une vraie barrière ; mais, coupé par la Loire en deux parties sans relations entre elles, il forme au milieu de régions riantes un pays misérable et un peu sauvage.

Le bassin tertiaire de **l'Emblavès,** qui s'étend au Nord, est comme le pendant du Creux du Puy. Mais il est plus déblayé ; les plateaux volcaniques y sont réduits à des éminences isolées, d'allure tabulaire ou conique. La forme tabulaire, qu'on trouve à Huche-Plate, à la Plaine, ne joue pas un rôle important dans le paysage comme dans le Creux du Puy ; la forme conique, rare dans cette dernière région, est au contraire fréquente dans l'Emblavès (Suc de Mathouret, Mont Ceneuil). Les « plaines » ont l'aspect de « mesas », et les « sucs » l'allure de montagnes, car leur chapeau volcanique couronne des pentes argileuses assez raides, séparées par de larges vallées ou des dépressions. A l'Ouest, le déblaiement a été plus considérable encore. La Loire, en déplaçant son lit de gauche à droite, a formé une plaine basse, dominée à l'Ouest et au Sud par l'abrupt du plateau granitique de Saint-Quintin et accidentée seulement par de rares buttes à chapeau basaltique ou par des fragments d'une ancienne terrasse. La Loire coule du Sud au Nord dans cette plaine couverte de ses alluvions, entre des berges insignifiantes, jusqu'au moment où elle s'encaisse dans le granite.

A l'Est, villages et hameaux s'installent à proximité des masses volcaniques, sur le pourtour desquelles, au contact des argiles imperméables, jaillissent les sources. Une traînée de lieux habités jalonne, au Sud et à l'Ouest, le pied de l'abrupt granitique du plateau de Saint-Quintin. Dans la plaine, les villages évitent le voisinage immédiat du fleuve. A l'extrémité septentrionale de l'Emblavès, le bourg de Vorey possède des minoteries ; c'est un marché important.

II. — LE VELAY GRANITIQUE

Bassin du Puy, plateau du Mézenc, plateau du Velay constituent le Velay volcanique ; la couverture éruptive y est inégalement conservée, mais partout on la trouve représentée. Elle a, au contraire, à peu près entièrement disparu de la surface du plateau granitique qui forme toute la partie Nord et Nord-Est du Velay. De Saint-Bonnet ou de Saint-Agrève, on peut dominer l'ensemble de cette contrée : c'est un vaste plateau parsemé de bois nombreux et d'une foule de villages. On ne voit pas les profondes vallées qui l'entaillent, mais on devine la coupure transversale de la Loire, région déprimée vers laquelle s'abaissent les deux

Rocher de Polignac. — Butte-témoin de brèches basaltiques couronnant une éminence argileuse. Ruines féodales au sommet ; au pied, à la ligne de contact des deux roches, lieu de sources, le village.

Vallée de la Gagne creusée dans le granite. A gauche *la Roche Rouge*, dyke basaltique moulage d'une cheminée de volcan dégagée par l'érosion.

Entrée des gorges de la Loire a Peyredeyre. — Le fleuve traverse en méandres encaissés le plateau granitique de Saint-Quintin qui sépare le Creux du Puy de l'Emblavès.

VOREY, CONFLUENT DE L'ARZON ET DE LA LOIRE. — Au sortir du large et riche bassin argileux de l'Emblavès, le fleuve s'enfonce encore dans le granite en méandres encaissés.

LE LIGNON A LA CHAPELETTE. — Dans l'ancienne pénéplaine, plateau granitique visible à l'horizon, la rivière a creusé au fond de sa large vallée boisée des méandres encaissés : on voit, au pied des viaducs, les deux branches d'une boucle que sépare une différence de niveau de 40 mètres marquée par une chûte d'eau.

fragments de plateau qu'elle sépare. Au Nord-Ouest, c'est le plateau de Craponne, assez étroit, qui se soude aux hautes terres du Forez ; à droite de la Loire, c'est le plateau plus étendu qui porte les villes de Monistrol, Saint-Didier, Montfaucon, Tence et se termine à l'Est par les faibles hauteurs des Boutières ; la chaîne des phonolites du Mezenc et du Meygal ferme ce plateau au Sud. Toute cette région a un aspect monotone, usé, triste et ingrat.

Toute trace des plis hercyniens, qui accidentèrent autrefois

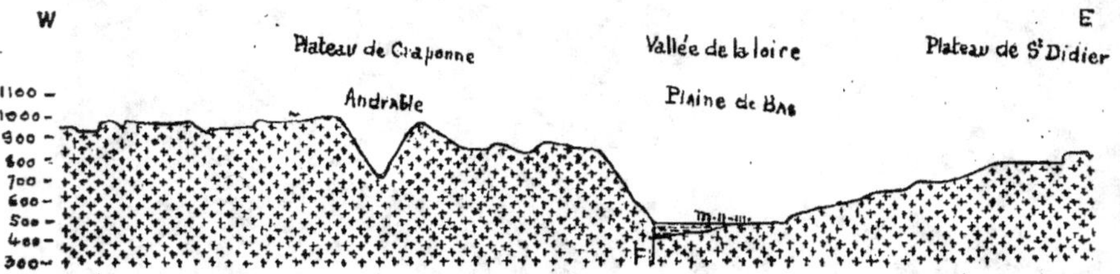

Fig. 3. — Coupe à travers le Velay granitique.
Longueurs 1 : 100 000. Hauteurs : 20 000.

la région, a disparu : ils ont été arasés par l'érosion durant les temps secondaires, et, au début de l'époque tertiaire, le pays était réduit à l'état de pénéplaine ; on peut se faire une idée de cette topographie en négligeant les vallées actuelles et en rétablissant par la pensée, la continuité du plateau. A la suite d'un mouvement du sol, se déposèrent, pendant l'Oligocène, dans un lac faisant suite à celui du Puy, d'épaisses couches argileuses. Au Miocène supérieur, à la suite des mouvements orogéniques alpins, une grande faille orientée NE-SW coupa le plateau granitique en deux parties inégales ; une dénivellation se produisit par affaissement du fragment oriental ; l'abrupt granitique, qui domine de plusieurs centaines de mètres à l'Ouest la plaine de Bas, permet d'apprécier l'importance de cet accident (fig. 3). La poussée volcanique du Meygal, au Pliocène moyen, est représentée par les trois importants débris phonolitiques de Gerbizon, de Miaune et de la Madeleine, autrefois continus. Des éruptions du Pliocène supérieur il ne reste plus que des fragments basaltiques, presque toujours insignifiants, disséminés sur tout le plateau ; un seul cône de

scories subsiste, le Montprait. Il n'y eut sans doute jamais de
manteau volcanique continu, mais de quelques bouches isolées
durent sortir des coulées de laves peu considérables.   -

Les puissantes érosions qui suivirent ne firent pas seulement disparaître en très grande partie les dépôts argileux et
volcaniques, mais elles découpèrent la pénéplaine qu'avait
formée un premier cycle d'érosion. En effet, à la suite d'évé-
nements qui se déroulèrent hors du Velay, le niveau de base
changea, et un nouveau creusement des vallées se produisit.
La Loire encaissa profondément son cours et rompit par érosion régressive le barrage phonolitique du Mt Gerbizon et du
Mt Miaune, près de Chamalières. Pour raccorder leur cours à
celui du fleuve, les affluents durent se creuser d'aval en amont
des gorges étroites. Ce récent changement du niveau de base
explique le contraste entre les larges vallées du cours supérieur des rivières, où les eaux coulent doucement, et celles du
cours inférieur, sombres, encaissées, profondes, où le torrent
bondit en cascades et en rapides.

La Loire draine toutes les eaux du Velay granitique ; son
cours, orienté SW-NE, est parallèle à la direction de la grande
faille miocène. Les affluents, suivant la pente de la pénéplaine
disloquée, se jettent perpendiculairement dans le fleuve ;
cependant, le cours supérieur des affluents de gauche est
dirigé N-S, tandis que celui des affluents de droite est conforme
aux directions hercyniennes et s'explique peut-être par une
topographie aujourd'hui disparue. C'est sans doute à la néces-
sité de lônger le massif volcanique du Mégal, autrefois plus
étendu à l'Est, comme en témoignent des lambeaux, que le
Lignon doit la forme de son cours supérieur. C'est aussi la
montagne de la Madeleine qui a obligé l'Ance à couler parallèlement à la Loire avant de la rejoindre dans le bassin de Bas.

La nature granitique du sol et la monotonie du relief assurent
à cette partie du Velay une grande unité. La position des habitations y est à peu près partout la même : elles se placent sur
les plateaux, au bord des promontoires nombreux que dessinent
et délimitent les échancrures des vallées et des ravins. A part
quelques usines et moulins, qui utilisent la force hydraulique
des torrents, les maisons fuient les gorges sauvages. Le groupe-
ment en hameaux domine nettement ; les petites agglomé-

rations pullulent : beaucoup de communes en comptent plus d'une cinquantaine. Cela tient au régime des sources. Le sol granitique est imperméable : seule, l'arène superficielle peu épaisse qui résulte de sa décomposition laisse les eaux s'infiltrer et les rend rapidement en une multitude de petites sources sujettes à tarir en été (1).

Si la première impression d'unité et même de monotonie ressentie à la vue du Velay granitique ne s'efface jamais complètement, on est amené cependant, quand on le connaît mieux et jusque dans la vie de ses populations, à y distinguer des régions assez différentes.

1° LE PLATEAU DE MONTFAUCON.

Sur la rive droite de la Loire, s'étend un vaste plateau, qui est limité à l'Est par ce qu'on appelle parfois la chaîne des Boutières. En réalité, il n'y a pas là de chaîne, mais seulement le rebord du plateau cristallin qui porte au Sud-Ouest les volcans du Massif du Mézenc. C'est une série de molles ondulations atteignant au Nord, 1.300 m. au Grand Felletin et 1.380 m. au Mont-Pyfara. Les torrents affluents du Rhône ont en quelque sorte mangé ce bord du plateau, aujourd'hui très échancré ; ils ont même capturé déjà une partie des affluents de droite du Lignon. Le contraste entre le Vivarais, aux ravins profonds, et le Velay, aux plateaux doucement inclinés, est très frappant. Des forêts de sapins couvrent les Boutières : elles alimentent de nombreuses scieries, surtout à Riotord, et les chemins de fer départementaux écoulent vers Saint-Étienne de grandes quantités de planches et de troncs d'arbres.

C'est aussi pour Saint-Étienne qu'a été abattue peu à peu une grande partie des forêts qui couvrirent autrefois l'ensemble du plateau de Montfaucon. Aujourd'hui, les bois de pins ou de sapins, assez bien conservés dans les vallées, ne forment plus

(1) Il y a plus de 1250 sources (avec 200 puits) dans le seul canton de Bas, dont une seule abondante. Sur 16,500 que compte l'arrondissement d'Yssingeaux, 100 à peine sont importantes, et 16 seulement, sortant des basaltes et des phonolites, sont considérables. (SERVICE DES PONTS ET CHAUSSÉES, *Enquête sur les Sources*, non publiée ; elle nous a été communiquée par M. l'Ingénieur en Chef du département de la Haute-Loire).

sur le plateau que de petites pinèdes ou sapinières, qui alternent avec les maigres cultures de seigle ou de pommes de terre et les prairies où paissent de grands troupeaux de bêtes à cornes. En raison de la pauvreté du sol granitique et de la rigueur du climat, qui tient à l'altitude moyenne assez grande, bois et prairies sont des sources de profit plus certaines que les cultures, et ils prennent plus d'extension.

Mais la physionomie du pays et ses ressources ne sont pas identiques au Nord et au Sud de la Dunière. Le plateau de Tence, au Sud, qui correspond au bassin supérieur du Lignon, est une région agricole. Les prairies et les pâturages y dominent : l'élevage des bêtes à cornes, de la race du Mézenc surtout, est la ressource essentielle du pays. Il se fait surtout en vue des produits de ferme : de grandes quantités de beurre et de fromages sont vendues aux marchés de Tence, de Montfaucon, de Fay-le-Froid et surtout d'Yssingeaux, et exportées ensuite par les « leveurs », ou marchands, à Saint-Étienne, à Lyon, dans la Savoie, dans le Midi et jusqu'en Normandie. Les cultures de céréales, consistant surtout en seigle, ont plus d'importance dans les riches communes du Chambou, de Tence et du Mazet, qui avoisinent le Lignon. Cette région est intéressante au point de vue humain. Au milieu de la population catholique, s'est formé, dès les débuts de la Réforme, et s'est maintenu un noyau de protestants, groupés dans les communes du Mazet et du Chambon et les sections contiguës des communes avoisinantes. Ils se distinguent des catholiques aussi bien par le costume, la façon de prononcer le patois, les mœurs et le caractère, que par le degré d'instruction et d'aisance et les idées politiques,

C'est, au contraire, une région en grande partie industrielle que le plateau de Saint-Didier-la-Séauve, au Nord de la Dunière. Déjà sur le plateau de Tence les moulinages de soie sont nombreux ; mais ils n'occupent guère que des jeunes filles travaillant dans des usines. Au Nord, l'industrie de la rubanerie se fait à domicile : le tisseur est un paysan, qui fait battre ses métiers, à moteur mécanique le plus souvent, avec l'aide de sa famille, quand sa présence aux champs n'est pas indispensable. Les bois et les prairies, exigeant moins de soins que les cultures de céréales, gagnent en importance ; le rubanier, ou

« passementier », cultive surtout les pommes de terre pour tirer
de ses champs sa nourriture. On constate chez lui une tendance
à s'isoler : la dissémination des habitations est plus grande
dans cette région. Les maisons, dont le premier étage sert
d'atelier, sont hautes, percées de nombreuses et grandes fenê-
tres, à encadrement de briques rouges ; elles témoignent du
caractère industriel et de l'aisance plus grande de ce pays, fort
peuplé malgré son climat rude et son sol ingrat. Une population ouvrière, à demi citadine, assez différente des passemen-
tiers ruraux, s'est créée dans les vieilles villes industrielles de
la région, comme à Saint-Didier sa capitale. Ce pays, qui écoule
ses produits à Saint-Étienne, tend à se détacher du Velay.

2º La Vallée de la Loire.

En bordure du plateau de Montfaucon, la Loire coule dans
une zone basse beaucoup plus variée, dont elle fait l'unité,
reliant par des gorges une série de petits bassins. Les gorges,
taillées dans le granite, sont étroites, profondes, boisées ou
couvertes de landes, inhabitées. Aucune route ne les suit
entièrement : mais une voie ferrée a pu y être établie. Au Nord
de Vorey, la Loire prenant la direction SW-NE a coupé la barrière phonolitique que lui opposait l'extrémité de la chaîne du
Mégal. Le Mt Miaune et le Mt Gerbizon couronnent de leur
abrupt imposant deux étroites terrasses argileuses, entre lesquelles le fleuve coule dans des gorges creusées dans le granite.
A Retournac, la vallée s'élargit : son fond est à 500 m. au-
dessous des « sucs » massifs de la chaîne du Mégal, qui la
dominent au Sud. Plus au Nord, la montagne de la Madeleine,
isolée, ressemble à une carène de navire renversée ; l'étroite
table phonolitique du sommet est inhabitée ; mais cultures et
habitations couvrent ses pentes argileuses, assez raides. L'Ance
et la Loire circonscrivent à son pied le fertile petit plateau
granitique de Bauzac. Puis s'ouvre la plaine argileuse de Bas.
La Loire s'y étale largement et forme sa première île notable,
l'île de la Garenne, dont un petit bois de pins couvre le centre.
Le plateau de Craponne domine la plaine d'un grand abrupt
boisé : celui de droite, au contraire, s'abaisse en pente douce
jusqu'au fleuve. D'une altitude inférieure à 500 m., le bassin de

Bas est très fertile : le blé, la vigne, les arbres fruitiers y prospèrent. De petites maisons de campagne couvrent les coteaux
granitiques. Par des gorges encaissées, la Loire arrive enfin
dans l'étroit bassin d'Aurec, simple élargissement de la vallée,
dont les flancs portent des vignes, Des usines annoncent le
voisinage de la région industrielle stéphanoise.

3° LE PLATEAU DE CRAPONNE.

Sur la rive gauche de la Loire, s'étend un haut pays monotone, que les affluents de la Loire découpent en une série de
croupes allongées : il y a des prairies dans le fond des vallées :
des bois de pins ou de sapins, rarement de hêtres, couvrent les
flancs des gorges et alternent à la surface des plateaux avec
des clairières cultivées, portant des champs de seigle ou de
pommes de terre.

A mesure qu'on se rapproche du Forez, au Nord, se développe
l'élevage des bêtes à cornes de la race forézienne. Mais la population active et laborieuse qui peuple ce plateau, au sol infertile
et au climat froid, vit surtout de la fabrication des dentelles et
de l'exploitation des bois. Dans tout le Velay, moins le plateau
de Saint-Didier, on fabrique de la dentelle ; mais nulle part on
ne fait de plus beaux articles en aussi grande quantité. L'exploitation des forêts, encore considérables, est également très
active. Saint-Étienne est ici aussi le débouché principal : une
ligne départementale, ouverte en 1902, facilite le transport des
bois vers cette ville. Des usines ne sauraient tarder à utiliser
l'énergie hydraulique des torrents, dans ce pays si proche de
Saint-Étienne. A la périphérie du plateau, de petites villesmarchés se sont développées : Craponne, Allègre, Vorey.

III. — CONCLUSION

Le rapide examen que nous venons de tenter des régions du
Velay nous a révélé dans ce pays, pourtant peu étendu, une
grande variété d'aspects : nous avons été amené par la considération des divers phénomènes géographiques à le diviser en
un certain nombre de petites contrées, dont chacune a sa phy-

sionomie propre. Mais ce serait rester sur une impression troublante et un peu fausse que de s'en tenir à ce morcellement, si justifié qu'il soit. Il est possible de dégager un petit nombre de types géographiques, qui, se répétant avec quelques variantes, dominent chacun dans une région déterminée. Il y a le paysage basaltique, surtout net au Sud-Ouest du Velay, formé par l'association de plateaux réguliers, ou « champs », dénudés et fertiles, et de « gardes », buttes basses, rougeâtres, coiffées de pins. Au Sud-Est, les phonolites succédant aux basaltes, l'aspect du pays change : des « sucs » grisâtres, aux formes hardies, aux pentes raides, entourés d'éboulis, nus ou hérissés de conifères, couronnent de larges plateaux gazonnés, sans arbres, ou émergent de bassins argileux ; c'est le paysage phonolitique. Le bassin du Puy avec ses larges et riantes vallées encombrées de témoins volcaniques, les curieux rochers qui s'y dressent et son horizon de plateaux, forme un type géographique moins étendu, mais très pittoresque. Le paysage devient beaucoup plus simple et aussi plus monotone dans tout le Velay granitique : ce ne sont, entre des vallées profondes et sauvages, que plateaux granitiques uniformes, à surface usée, dont le sol maigre et sableux porte des cultures de seigle, quelques prairies et de nombreuses pinèdes, hêtraies ou sapinières, réparties capricieusement à sa surface.

Mais ne peut-on pousser plus loin la simplification ? Il y a dans le Velay une forme topographique dominante : c'est le plateau. Les étroites vallées qui l'entaillent, les rares petits bassins qui le trouent, ne jouent qu'un rôle accessoire. Granitique ou volcanique, plus ou moins continu ou découpé, surmonté ou non de pitons, c'est le plateau qui règle la vie du pays, portant les habitations, les cultures et les routes. C'est lui aussi qui a été habité tout d'abord, et non pas même le site privilégié où est établie aujourd'hui la capitale du Velay : Le Puy. C'est sur le plateau du Velay, à Ruessium (aujourd'hui Saint-Paulien), que les Vellaves eurent longtemps leur capitale (*urbs*), et c'est sur les plateaux que couraient les routes romaines. Le Puy n'était alors qu'un *locus*, dont la montagne portait un temple païen. Il ne devint la capitale du comté du Velay qu'au vi^e siècle, parce qu'il offrait une forte position défensive. Le prestige religieux qui s'attacha à son rocher et à son sanc-

tuaire y attira les princes pieux et les foules mystiques du
Moyen Age. Le Puy devint une ville féodale, la place forte de
l'évêque-comte du Velay, et une métropole religieuse. Mais il
fut aussi de plus en plus le principal lieu de marché pour les
échanges agricoles et le centre du commerce de la dentelle.
Ainsi, mais assez tard, Le Puy devint le chef-lieu de toutes les
petites régions du Velay qui l'entourent et dont on aurait pu
croire qu'elles s'étaient groupées tout naturellement et dès le
début autour de son étroit bassin.

Autrefois, l'influence du Puy s'étendit presque aux limites
du territoire du Velay ; aujourd'hui, le cercle de son action a
bien diminué. Dans le voisinage du Velay, au Nord-Est, s'est,
en effet, développée assez tard une grande cité industrielle,
dont l'attraction puissante a abouti à la dislocation du Velay
historique. En relations continuelles et aisées avec la ville de
Saint-Étienne, à laquelle elles vendent leurs produits agricoles
et leurs bois, pour laquelle elles tissent les rubans ou font de
la quincaillerie, des populations toujours plus nombreuses ont
échappé à l'influence du Puy ou s'en dégagent. Ainsi le plus
grand Velay de l'histoire semble bien menacé, tandis que le
plus petit Velay, le Velay volcanique, continue à graviter et à
se serrer autour de la vieille capitale : Le Puy.

Vu :

Le Président de la Société,
(section de la Haute-Loire),

ALRAN,
Inspecteur d'Académie.

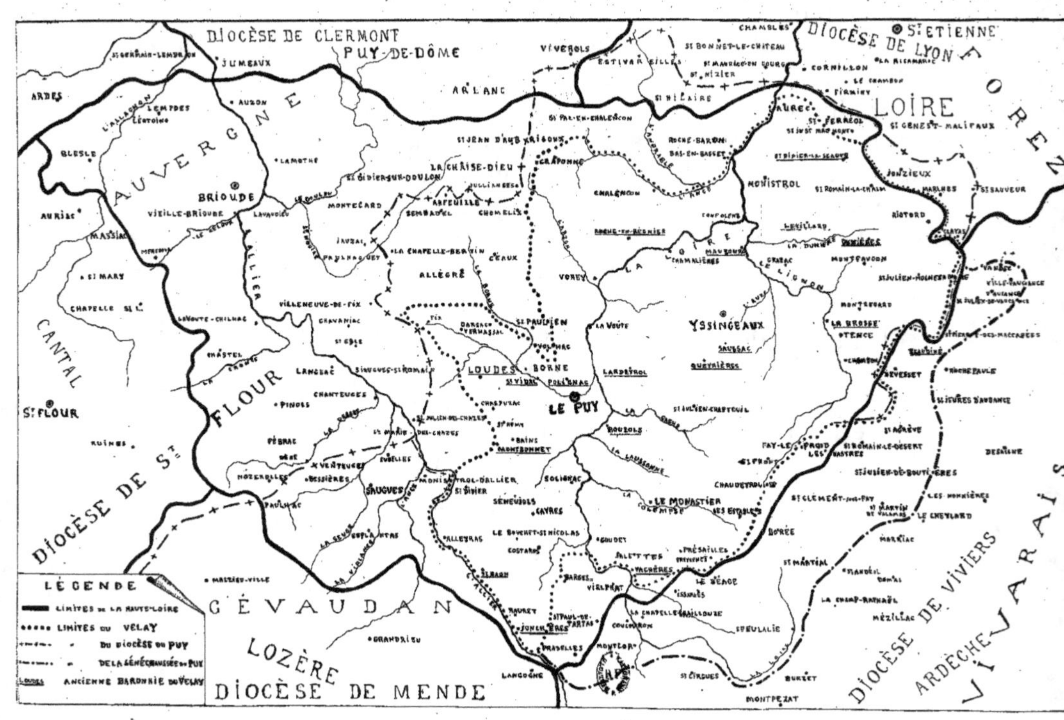

Carte historique du département de la Haute-Loire, des anciens pays du Velay, diocèse et sénéchaussée du Puy.

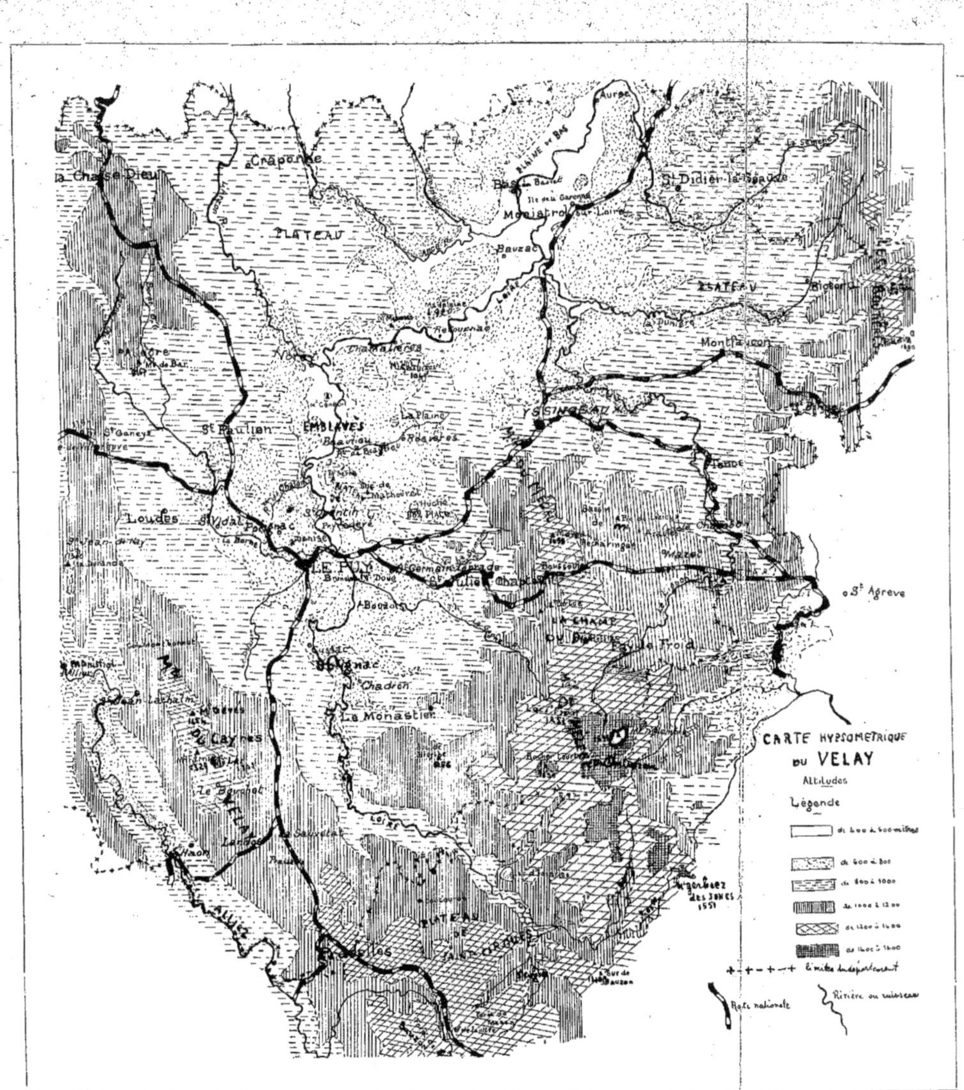

Le VELAY, Carte hypsométrique.

Echelle 1 : 400 000